Narcisista Perverso

Guida completa per gestire un vasta gamma di Personalità Narcisistiche. Impara a riconoscere il Manipolatore Affettivo Patologico e a Liberarti da Relazioni Pericolose.

Daniela Monti

qualsiasi delle informazioni contenute in questo libro. Questa avvertenza si applica a qualsiasi perdita, danno o lesione causata dall'applicazione dei contenuti di questo libro, direttamente o indirettamente, in violazione di un contratto, per torto, negligenza, lesioni personali, intenti criminali o sotto qualsiasi altra circostanza.

Concordi di accettare tutti i rischi derivati dall'uso delle informazioni presentate in questo libro.

Accetti che, continuando a leggere questo libro, quando appropriato e/o necessario, consulterai un professionista (inclusi, ma non limitati a, il tuo dottore, avvocato, consulente finanziario o altri professionisti del genere) prima di usare i rimedi, le tecniche o le informazioni suggeriti in questo libro.

Indice

Introduzione

A quanto pare, ogni giorno spuntano fuori nuove parole in voga, e una che senza dubbio avrai sentito dire molto è 'narcisista', o 'narcisismo'. Si tratta ovviamente dello stesso concetto.

Il libro discuterà proprio di questo argomento e metterà in luce il fatto che, anche se potresti pensare di incontrare dei narcisisti ogni singolo giorno della tua vita, in realtà sono abbastanza rari. Probabilmente, ti imbatti solo in una persona con un'autostima esagerata, ma un singolo tratto non permette di fare una diagnosi di tendenze narcisistiche!

Il fatto è che la maggior parte delle persone ha una leggera tendenza narcisistica a un certo punto della propria vita. A volte possiamo essere troppo sicuri di noi, sminuire inutilmente il prossimo, oppure cercare l'approvazione degli altri senza nessun motivo. Niente di tutto ciò ci rende narcisisti, a meno che non si presentino diversi tratti insieme, e regolarmente.

Sai, un vero narcisista è in realtà una persona che ha bisogno di aiuto, ma il problema è che la maggior parte non lo ammetterà mai e, perciò, non lo potrà ricevere. È un fatto triste ma fin troppo comune. In verità, i narcisisti veri sono rari, e il Manuale Diagnostico e Statistico dei Disturbi Mentali afferma che solo tra lo 0.5% e l'1% della popolazione americana soffre di narcisismo, cioè gli è stato diagnosticato il Disturbo Narcisistico di Personalità (di cui parleremo a breve). Fra di essi, fra la metà e i tre quarti sono uomini. Ovviamente, anche le donne possono essere narcisiste, ma sembra che ci siano più uomini che mostrano questi tratti regolarmente.

Avere a che fare con un narcisista, soprattutto se gli sei vicino, può essere molto difficile. Probabilmente non capirai che si tratta di un narcisista finché la vostra relazione non sarà più intima, perché questo tipo di persona è abile nell'arte del travestimento. Sembrerà affascinante, distaccata ed estremamente cortese finché non ti avrà catturato. Da quel punto in poi, inizieranno a comparire i tratti che abbiamo menzionato e la manipolazione emotiva.

No, un narcisista non è una persona malvagia. Un narcisista soffre realmente di un disturbo di personalità. Nonostante ciò, averne uno attorno non è facile.

Questo libro ti fornirà tutte le informazioni di cui hai bisogno sul narcisismo, e ti aiuterà anche a capire come trattare un narcisista nella tua vita. Se hai una relazione con un narcisista, potrebbe essere arrivato il momento di pensare a te stesso e di lasciarlo, se scopri di non poterlo aiutare o che non vuole accettare l'aiuto.

È triste, ma è vero che tanti narcisisti sono individui molto soli, a cui manca autostima e non capiscono perché le persone reagiscano a loro in quel modo.

Perciò, che tu abbia un narcisista nella tua vita, che pensi di avere tu stesso delle tendenze narcisistiche, o se sei semplicemente interessato all'argomento, questo libro ti fornirà tutte le informazioni di cui hai bisogno.

Capitolo 1:

Il Narcisista

In generale, la definizione semplificata di 'narcisista' è:

"Una persona che ha un interesse o un'ammirazione eccessivi per se stessa."

Ovviamente, niente è mai così semplice, perché il mondo del narcisismo è in realtà un pozzo profondo e complicato di tratti della personalità e di problemi. Tale definizione non è del tutto corretta perché ci sono molte persone egocentriche e un po' troppo dedite a loro stesse, ma non sono necessariamente narcisiste; sono solo vanitose.

È proprio per questo motivo che il termine 'narcisista' viene usato senza cognizione di causa e affibbiato a persone che, in realtà, non rientrano in questa sfera. Per un verso, si fa un danno a quelle persone perché, come scoprirai proseguendo nell'esplorazione del narcisismo vero, nessuno vuole essere etichettato con questo termine se non corrisponde alla verità! Dall'altro lato, si fa un torto anche a chi soffre di Disturbo Narcisistico di Personalità (DNP), perché non si tratta di un gioco né di una scelta.

A mano a mano che procederai nella lettura di questo libro, è probabile che inizierai a sviluppare un'avversione profonda per i narcisisti, ma prima di arrivare a quel punto vorrei che riflettessi meglio sulla questione. Una persona che soffre di depressione non viene incolpata per il proprio disturbo. Non prendiamo in giro una persona ansiosa perché si preoccupa troppo. Non evitiamo o sminuiamo chi soffre di un disordine alimentare. Il DNP è una cosa reale, un disturbo di personalità, il che lo riporta nella categoria della salute mentale. Nessuna condizione del genere merita di essere sminuita, insultata o evitata. Anzi, dovremmo cercare di aiutare chi ne soffre. Il problema è che la maggior parte dei narcisisti non capisce che c'è qualcosa che non va, e di certo non sarà disposta ad accettare il tuo aiuto.

È una lama a doppio taglio che raramente porta a risultati positivi.

Questo capitolo esaminerà le nozioni di base di ciò che significa essere un narcisista. Parleremo della storia del narcisismo, dei tipi di narcisisti che potresti incontrare e dei tratti che presentano. Ricorda, se individui uno o due di questi tratti in te stesso o nel tuo partner, non saltare subito alla conclusione di soffrire di DNP. I narcisisti veri presentano diversi dei tratti più comuni, se non tutti.

Cosa è un Narcisista?

Un vero narcisista è una persona che soffre di Disturbo Narcisistico di Personalità (DNP) e prova un interesse estremo per se stesso, ha un'autostima esagerata e fa fatica a mantenere relazioni e amicizie. È probabile che un narcisista non abbia delle amicizie di lunga data nel corso della vita, ad esempio degli amici d'infanzia, mentre molte altre persone ne avranno almeno una.

Questo perché i narcisisti allontanano le persone col proprio comportamento, anche se non è nelle loro intenzioni. I narcisisti non cercando di ferire gli altri intenzionalmente, lo fanno tramite le loro azioni, e non vedono niente di male in ciò che fanno. Un narcisista non ha mai torto ai suoi occhi. La sua opinione non è solo un'opinione, è un fatto: è così che pensa.

Parleremo a breve dei tratti di un narcisista, il che ci aiuterà a comprendere meglio cosa sia davvero. Parleremo anche più in dettaglio del DNP.

Per ora, devi capire che il DNP è una condizione molto reale che rientra nella categoria dei disturbi di personalità. Proprio come qualcuno che soffre di sindrome dell'impostore, disturbo borderline di personalità o di disturbo bipolare, il DNP non può essere cancellato con uno schiocco di dita, è parte integrante di una persona. Può essere lieve, moderato o grave. Può essere sempre presente o venire innescato da esperienze e situazioni.

La speranza è che questo libro riesca almeno in due intenti:

- Aiutare chi si trova in una relazione con un narcisista
- Contribuire a diffondere la consapevolezza che il narcisismo esiste davvero.

Il Narcisismo nella Storia

Potrebbe sembrare che il narcisismo sia nato in tempi recenti, ma non è così. La verità è che 'narcisismo' sembra essere una parola di moda al momento, ma la stessa idea di narcisismo è nata nell'ambito della mitologia greca. Narciso era un uomo talmente tanto innamorato dell'immagine di se stesso riflessa nell'acqua da non riuscire a smettere di ammirarla. Alla fine, è morto di fame davanti a quello specchio naturale. Da quel momento, il narcisismo è stato considerato in modo negativo.

Ovviamente, perché l'idea di narcisismo potesse arrivare fino ai giorni nostri si sono dovuti condurre studi e ricerche. Il primo di cui ci è giunto notizia, di Otto Rank, risale al 1911, e anche Freud ha pubblicato uno studio sul narcisismo nel 1914. Nel 1967, uno studio condotto da Otton Kernberg e Heinz Kohut ha posto le basi per il riconoscimento del disturbo, avvenuto solo nel 1980, quando sono stati stabiliti anche i criteri diagnostici.

Nel corso dell'ultimo decennio, la parola 'narcisista' è diventata comune all'interno della società ma, come abbiamo già detto, è stata usata per etichettare persone che non la meritano. Il narcisismo vero è molto raro, e anche se delle persone potrebbero mostrare di tanto in tanto dei tratti narcisistici, forse anche per periodi prolungato di tempo, per poter eseguire una diagnosi di DNP c'è bisogno di più elementi.

Tipi di Narcisisti che Potresti Incontrare

Il narcisismo è un fatto personale, proprio come ogni persona è unica. Ci sono diversi tipi specifici di narcisisti, ma i principali da conoscere sono tre.

- **Il Narcisista Classico** – Questo tipo di narcisista viene chiamato anche 'ad alto funzionamento', l'esibizionista o il narcisista grandioso. È la categoria in cui rientra la maggior parte delle persone.

- **Il Narcisista Vulnerabile** – Può essere chiamato anche narcisista compensativo o fragile. Anche questo tipo di narcisista si sentirà al di sopra di chiunque altro, ma non gli piace essere al centro dell'attenzione, cosa che lo distingue dalla prima categoria. Invece di mettersi sotto i riflettori, si associa ad altre persone importanti o che lui reputa 'speciali'.

- **Il Narcisista Tossico** – Definito anche narcisista maligno, è il tipo da evitare a tutti i costi. Sfrutta gli altri a proprio vantaggio ed è estremamente manipolativo. Cerca persone che reputa vulnerabili, ad esempio quelle empatiche o timide, e le manipola per ottenere ciò che vuole. Questo tipo di persona brama il controllo e, in alcuni casi estremi, potrebbe anche divertirsi nel vedere qualcun altro essere in difficoltà o soffrire.

Certo, ogni persona che incontriamo è unica, il che significa che è difficile che un narcisista rientri esattamente in una categoria; potrebbe mostrare tratti appartenenti a diverse tipologie di narcisismo, ma avrà comunque una categoria dominante.

Tratti di un Narcisista

Ora che sappiamo cosa è un narcisista e che esiste un disturbo specifico associato a questo tipo di persona, parliamo dei tratti che lo contraddistinguono. Ricorda che dei tre tipi principali di cui abbiamo parlato alcuni avranno tratti specifici, ad esempio un narcisista tossico sarà estremamente manipolativo a livello emotivo, mentre un narcisista classico probabilmente si concentrerà più sul suo ego esagerato o su pensieri egocentrici.

In generale, tuttavia, in chi soffre di DNP si possono riscontrare i seguenti tratti:

- Un irrefrenabile bisogno di attenzione

- Spesso può sembrare molto affascinante all'inizio

- Gelosia estrema

- Si aspetta un trattamento speciale e si arrabbia o affligge in fretta quando non gli viene riconosciuto

- Autostima esagerata

- Spesso esagera l'importanza dei suoi talenti o successi

- Esagera le sue abilità, spesso nelle relazioni amorose e nel sesso

- Molto sensibile, si offende facilmente – non sa accettare un rifiuto e risponde spesso con rabbia, vergogna o umiliazione estrema

- Ha difficoltà a mantenere dei rapporti salutari, in amore e in amicizia

- Si perde spesso in fantasie sul proprio successo, aspetto, potere, ecc.

- Non ha problemi ad approfittare di un'altra persona per ottenere qualcosa, e non si sentirà in colpa per averlo fatto

- Non ha empatia, spesso ignora i sentimenti degli altri, anche di chi gli sta vicino

- Pensa che solo le 'persone speciali' possano capirlo e riconoscere quanto è eccezionale

- Spesso va in cerca incoraggiamento o lodi da parte di altre persone

- Pensa che la sua opinione sia giusta e quella di tutti gli altri sbagliata

- Pensa che tutto ciò che fa sia giusto, e di non avere mai torto su niente

- Dà per scontato che tutti gli altri gli daranno ragione o faranno ciò che vuole

• Vuole sempre e solo il meglio di qualsiasi cosa

• È egoista e arrogante

Come puoi vedere, questa lista non contiene molti elementi positivo, e chi si trova in una relazione con un narcisista è probabile che stia vivendo una situazione piuttosto difficile.

Un Narcisista è Davvero una Cattiva Persona?

Quando ti informi sul narcisismo e leggi la lista dei tratti che lo caratterizzano, è molto facile saltare alla conclusione che chi ne soffre sia una persona molto cattiva da evitare a tutti i costi. Ma la questione non è così semplice. Ricorda che il DNP è un vero disturbo di personalità che rientra nella categoria della salute mentale. Non giudichi automaticamente chi soffre di depressione perché è distante, ma riconduci questo atteggiamento al suo disturbo. Lo stesso tipo di compassione dovrebbe essere mostrata, fino a un certo punto, anche a chi soffre di DNP, anche se è molto difficile da fare quando una persona ti tratta male.

È più facile avere a che fare con alcuni tipi di narcisisti rispetto ad altri, ma se ti trovassi in compagnia di un narcisista tossico faresti molta fatica a non credere che si tratti solo di una persona cattiva.

Forse il modo migliore per rispondere alla domanda è separare i narcisisti, o chi mostra segni di DNP, in due categorie: chi cerca di fare del bene ma finisce per essere limitato dal proprio disturbo, e quelli a cui non importa di nessun altro.

Ogni persona è unica e complessa, il che significa che non puoi semplicemente etichettare come 'cattivo' chiunque soffra di un qualche tipo di DNP; devi ricordare che alcuni presentano solo certi tratti del disturbo, e potrebbero mostrarli solo in alcuni momenti e non in altri. Ripetiamo, le persone sono complesse!

Capitolo 2:

Il Disturbo Narcisistico di Personalità e le Opzioni per Curarlo

Abbiamo accennato molto al DNP, ma non abbiamo approfondito di cosa si tratti e cosa lo provochi. Lo faremo in questo capitolo.

Sappiamo che il DNP è un disturbo della personalità, e questo tipo di condizione rientra nella categoria molto vasta della salute mentale. La maggior parte delle persone considera depressione, ansia, stress e schizofrenia come gli unici tipi di disturbi mentali, ma la lista è molto più lunga. Per esempio, bipolarismo, disturbo borderline di personalità e disturbi alimentari sono tutte condizioni mentali.

I disturbi della personalità sono una sottocategoria di problemi di salute mentale, e chi ne soffre ha pensieri e schemi mentali nocivi, nonché problemi comportamentali. Questi schemi mentali sono spesso molto rigidi e possono volerci molte ore di psicoterapia per scuoterli e quindi modificarli. La maggior parte dei pazienti di disturbi di personalità ha anche problemi a capire e percepire persone e situazioni.

Cosa Provoca il DNP?

Non lo sa nessuno. Non è una domanda facile da porre per qualsiasi tipo di problema mentale, persino per la depressione. Alcune persone vi sono più prone di altre, e nel caso del DNP c'è chi lo ha e chi no; alcuni ne soffrono in parte e altri in pieno. Per certi versi è un mistero, ma diversi studi suggeriscono che i seguenti problemi potrebbero essere fattori di rischio per lo sviluppo successivo del DNP:

- Fattori ereditari, ad esempio i geni, in particolare quelli che hanno un impatto sulla connessione fra cervello e comportamento, come l'ipersensibilità
- Esperienze negative durante la prima infanzia, ad esempio abusi o cattive capacità genitoriali
- Problemi psicologici
- Aver ricevuto molte critiche
- Traumi precedenti
- Avere aspettative irrealistiche

Non si nasce narcisista, lo si diventa. Anche se i geni giocano il loro ruolo, si pensa che le esperienze abbiano un'influenza maggiore sullo sviluppo del DNP. Certo, non succede nel corso di una notte, ma il DNP può svilupparsi a qualsiasi età. Tuttavia, nella maggior parte dei casi inizia a presentarsi nel corso dell'infanzia come risultato di cattive capacità genitoriali, come essere un genitore insensibile o, al contrario, che vizia e loda troppo il figlio.

I Criteri Diagnostici del DNP

Diagnosticare il DNP può essere difficile, e poiché la maggior parte delle persone che ne soffre non cerca mai aiuto (perché non pensa di avere un problema), i medici non hanno molta esperienza in questo campo. La cosa più probabile è che un medico di base indirizzi il paziente verso un professionista di salute mentale. A questo punto, perché venga diagnosticato il DNP, una persona deve **soddisfare cinque (o più) sei seguenti criteri:**

- Un'autostima esagerata

- La convinzione di essere speciale e di dovere essere associato solo a individui di status elevato

- Il bisogno eccessivo di complimenti e ammirazione

- Sentirsi esageratamente privilegiato

- Approfittarsi di o sfruttare le altre persone

- Una mancanza di empatia

- La convinzione che gli altri siano gelosi e problemi di gelosia in generale

- Comportamenti arroganti regolari

Le Azioni e i Pensieri di un Narcisista

Entrare nella mente di un narcisista può essere difficile. Ogni persona pensa e agisce in modo diverso, si approcci e reagisce alle situazioni in maniera del tutto unica. Un narcisista, invece, ha alcuni schemi comportamentali specifici, il che lo fa distinguere dagli altri. Anche se qua e là potrebbero esserci delle anomalie, proprio perché siamo tutti diversi, ci sono due esempi principali che possiamo analizzare.

Usare Metodi Evidenti o Nascosti

Perché un narcisista possa manipolare una persona o una situazione, di modo da soddisfare i propri bisogni prima di quelli di tutti gli altri, userà dei metodi che possono essere evidenti o nascosti. Quelli evidenti sono piuttosto ovvi, mentre quelli nascosti sono piuttosto segreti e difficili da notare. I metodi nascosti sono di solito quelli più distruttivi per gli altri, ed è per questo che molte persone che hanno una relazione con un narcisista fanno fatica a lasciarlo; iniziano a chiedersi 'sono io o è lui?'. Un metodo classico in questa situazione è il gaslighting, e ne parleremo in dettaglio più avanti.

In generale, un narcisista classico userà sempre metodi evidenti, e uno vulnerabile userà quelli nascosti. Il problema è che i narcisisti tossici o maligni usano una combinazione di entrambi.

Un Approccio Somatico o Cerebrale

Si tratta di come un narcisista valuta se stesso e ciò che lo circonda. Chi usa metodi somatici sarà completamente concentrato sul suo aspetto generale, sul proprio corpo. È estremamente vanitoso. Un metodo cerebrale, invece, implica l'uso del cervello in modo da apparire molto intelligente; questo tipo di narcisista farà di tutto per convincerti che la sua opinione è l'unica che dovresti prendere in considerazione.

È importante provare a identificare il tipo di narcisista con cui hai a che fare, e anche se a volte può essere difficile da individuare in maniera precisa, sarai sicuramente in grado di riconoscere il tipo più pericoloso. Un narcisista tossico o maligno non avrà problemi a ferire gli altri e non proverà alcun rimorso. Questo tipo di narcisista è nocivo per chiunque gli si trovi intorno, ed è probabile che una persona che riesca a fuggire da una relazione con chi rientra nella categoria in seguito avrà bisogno di supporto emotivo e, forse, di psicoterapia.

Potresti leggere ciò che è stato detto finora e domandarti come sia possibile non capire che c'è qualcosa che non va nel modo in cui si comportano e pensano, ma è proprio l'effetto del DNP. Ricorda, il DNP è un disturbo di personalità che crea un modo di pensare disordinato. Un narcisista è onestamente convinto al 100% che hai torto, che dovresti capire quanto è speciale, che non dovresti discutere con lui perché ha ragione. Non penserà mai di poter avere torto, o che potrebbe aver gestito meglio la situazione; un vero narcisista non vede alcun problema nel modo in cui pensa o agisce. Nel caso di un narcisista tossico o maligno, questo tipo di persona non vede niente di male nel ferire gli altri per raggiungere i propri obiettivi.

Perché la Maggior Parte dei Narcisisti non Viene Mai Curata?

L'ultimo paragrafo dovrebbe rispondere alla domanda. La maggior parte non capisce di avere un problema, e se qualcuno gli dice che ha bisogno di aiuto perché mostra tendenze narcisiste, è probabile che rida e cerchi di ribaltare la situazione sull'interlocutore.

Non è il caso di tutti, certo, e chi soffre di una versione lieve di narcisismo potrebbe arrivare a un'illuminazione che gli fa pensare 'ehi, mi chiedo se potrebbe valere anche per me' nel leggere un articolo o dopo che qualcuno gli ha fatto notare che si sta comportando in maniera narcisistica. Tuttavia, si tratta di un caso raro, ed è altamente improbabile che un narcisista classico o vulnerabile cerchi aiuto.

Un narcisista tossico o maligno cercherà mai aiuto? In alcuni casi succede, ma di solito solo a seguito di un momento auto-distruttivo, o quando ha fatto molto male a un'altra persona. Se si spinge troppo in là, potrebbe essergli consigliato di cercare l'aiuto di un professionista, ed è possibile che accetti. Nonostante ciò, è comunque improbabile, il che è di per sé un fatto molto triste.

La Cura Può Avere Successo?

Ci sono molti tipi diversi di cure per il DNP, ma la maggior parte si concentrarono sui cambiamenti comportamentali e la modifica degli schemi di pensiero. In alcuni casi estremi, potrebbe essere consigliato il ricovero in ospedale, soprattutto per i narcisisti estremamente tossici che hanno raggiunto un momento molto autodistruttivo.

Il problema è che la grande maggioranza delle cure tende a concentrarsi sulla risoluzione dell'incidente, anziché della malattia in sé.

Quindi, la cura può avere successo? Sì, quando l'aiuto è voluto, ma ci vogliono molto impegno e serietà da parte del narcisista. Non è un processo facile, come non lo è per qualsiasi tipo di psicoterapia cognitiva comportamentale e per il tentativo di cambiare mentalità e pensieri. Non può funzionare nel giro di due giorni, e sarà necessario un approccio a lungo termine, probabilmente seguito da una terapia di mantenimento.

Altri Disturbi di Personalità Legati al Narcisismo

La maggior parte dei disturbi di personalità e alcuni problemi di igiene mentale sono collegati in un modo o nell'altro. Per esempio, chi soffre di depressione potrebbe avere anche l'ansia, perché hanno un legame stretto. Lo stesso vale per chi soffre di stress. Una persona con disturbo bipolare potrebbe avere dei legami col narcisismo, così come chi soffre di disturbo borderline di personalità.

Nonostante ciò, ci sono tre tipi principali di disturbi di personalità legati strettamente al DNP:

• Disturbo antisociale di personalità

• Disturbo borderline di personalità

• Disturbo istrionico di personalità

Un medico esperto sarà in grado di stabilire il tipo specifico di disturbo della personalità, tuttavia convincere qualcuno che ha bisogno di aiuto può essere difficile, soprattutto se soffre di DNP.

Capitolo 3:

Situazioni Comuni di Narcisismo in cui Potresti Trovarti

Fino ad ora abbiamo parlato di cosa sia il narcisismo e l'abbiamo descritto, ma per poterti mostrare davvero come colpisca le persone in termini reali, dobbiamo fare alcuni esempi pratici.

Questo capitolo discuterà delle possibili situazioni di amicizia, familiari, amorose e lavorative in cui il narcisismo potrebbe giocare una parte. Ricorda che si tratta solo di esempi, ma evidenziano come il narcisismo si presenti di solito nella vita reale. Esporremo sia il punto di vista del narcisista che come fa sentire le altre persone, di modo da fare un quadro completo del problema.

In questi scenari, potresti pensare che ci siamo concentrati troppo sugli uomini, ma in realtà non importa di che genere siano il narcisista o l'interlocutore, l'importante sono la situazione e le azioni/pensieri. Nonostante ciò, c'è comunque una percentuale più elevata di narcisisti uomini rispetto alle donne.

Situazioni di Amicizia

Scenario 1

Due uomini sono amici, uno dei due è narcisista (non diagnosticato). Non si conoscono da molto tempo, si sono incontrati a lavoro. Una sera sono seduti a bere qualcosa e a parlare di politica. Il narcisista espone il suo punto di vista, parlando sopra l'altra persona e ridendo ogni volta che prova a controbattere su qualcosa. Alla fine, il narcisista etichetta semplicemente l'amico come stupido perché non capisce il suo punto di vista e 'come stanno davvero le cose'.

• **Il punto di vista del narcisista** – Il narcisista non riesce a capire perché l'amico non reputi valido il suo punto di vista e inizia a domandarsi perché sia amico con quest'uomo se non sa nemmeno riconoscere l'intelligenza.

• **Il punto di vista dell'amico** – L'altro è ferito e infastidito dal fatto che il suo cosiddetto amico lo definisca stupido e non voglia ascoltarlo. Ora considera il suo amico estremamente arrogante e inizia a domandarsi se dovrebbe continuare a passare del tempo con lui.

Scenario 2

Due donne sono amiche, ma una delle due (non narcisista) si sente sempre sminuita dall'altra. Nel giorno in questione decidono di andare a fare shopping insieme perché ci sarà una festa fra poco e hanno entrambe bisogno di un vestito nuovo. L'amica narcisista sceglie un abito e gira per il camerino con aria presuntuosa, beandosi dei complimenti di tutti. L'altra amica prova un vestito, ma la narcisista la sminuisce con un commento su come non le stia bene e ribalta la conversazione su quanto sia bello il vestito che ha lei.

- **Il punto di vista della narcisista** – La narcisista pensa di essere bellissima con quel vestito e vuole che glielo dicano tutti. Ha anche bisogno che glielo dicano, di modo da avere la sicurezza necessaria per comprarlo.

• **Il punto di vista dell'amica** – L'amica è triste perché l'altra non ha nemmeno guardato cosa stesse indossando e ha fatto un commento su due piedi sul fatto che non le stesse bene. È delusa e offesa, come sempre.

Situazioni in Famiglia

Scenario 1

Fratello e sorella sono andati a trovare i loro genitori per il pranzo della domenica. Il fratello è narcisista.

Invece di lasciare dire alla sorella come sia andata quella settimana, il fratello parla senza sosta di come sia andata la sua e di come abbia fatto una buona impressione sul suo capo. Ogni volta che la sorella prova a intervenire, ignora ciò che dice e prosegue col suo racconto.

• **Il punto di vista del narcisista** – La settimana della sorella è stata nella media e non valeva la pena di parlarne, la sua è stata interessante e vuole condividerla con la famiglia.

• **Il punto di vista della sorella** – Per l'ennesima volta, il fratello non la lascia parlare dei suoi traguardi, anche se è molto orgogliosa della presentazione che ha fatto mercoledì a lavoro. Rimane in silenzio e lo lascia parlare, come al solito.

<u>**Scenario 2**</u>

Due fratelli stanno aiutando i genitori a trasferirsi e si imbattono in diverse scatole contenenti oggetti della loro infanzia. La scatola di un fratello è esattamente davanti a quella dell'altro (quella del narcisista è dietro). Invece di spostarla, il narcisista la calcia via, facendola cadere in una pozzanghera di olio. Le cose del fratello sono quindi perlopiù rovinate, ma il narcisista non batte ciglio – era il rappresentante degli studenti a scuola, quindi le sue foto sono più importanti.

- **Il punto di vista del narcisista** – Voleva prendere la sua scatola per ricordare i fantastici traguardi che aveva raggiunto da bambino. Sa che suo fratello non aveva fatto niente di tanto speciale, quindi che senso ha guardare cosa c'è nella sua scatola?

- **Il punto di vista del fratello** – È arrabbiato che le sue cose si siano rovinate e che il fratello consideri i suoi ricordi e possedimenti più importanti di quelli degli altri. Il che sfocia in una discussione che non potrà mai vincere, perché il fratello non lo sta nemmeno ascoltando.

Situazioni nelle Relazioni

Scenario 1

Un uomo e una donna hanno una relazione da quasi un anno. Una sera, la donna deve uscire con le amiche per festeggiare un compleanno. Va al piano di sotto indossando un vestito, molto contenta per come le sta. Il suo ragazzo (narcisista) le ride in faccia e le dice che il vestito la fa sembrare tarchiata perché è troppo bassa. Il suo buon umore svanisce e decide di non uscire più.

Il ragazzo propone di passare la serata assieme a casa perché la vuole 'tutta per sé'.

• **Il punto di vista del narcisista** – Non voleva che la ragazza uscisse perché ci sarebbero stati troppi uomini e la gente l'avrebbe guardata con quel vestito corto. Invece, è contento che guarderanno un film insieme e ordineranno del cibo da asporto.

• **Il punto di vista della ragazza** – Pensava di stare benissimo con quel vestito e si aspettava che il ragazzo le facesse dei complimenti, ma non appena le ha detto che non stava bene, ha perso tutta la sua autostima. È rimasta a casa perché, se fosse uscita comunque, lui sarebbe stato di cattivo umore al suo ritorno. Che senso avrebbe avuto?

Una donna è al telefono in salotto, sta scorrendo pigramente le pagine di Facebook e controllando i messaggi. Sorride per qualcosa che ha visto sulla sua Bacheca. Appoggia il telefono e va in bagno. Il suo ragazzo (narcisista) vuole sapere perché stesse sorridendo, presumendo che stesse scrivendo a un altro uomo. Le prende il telefono e, siccome sa la sua password, le controlla i messaggi. Ne vede uno da parte di 'David'. Ha subito uno scoppio di gelosia e pretende di sapere chi sia David. Viene fuori che è suo cugino, le stava chiedendo come stesse sua madre.

• **Il punto di vista del narcisista** – Lei ha sorriso vedendo qualcosa sul telefono ed è rimasta assorta a guardarlo per mezz'ora, sicuramente stava facendo qualcosa. Chi è David? Come può tradirlo? Ha uno scoppio di gelosia e non si prende nemmeno il tempo di leggere il messaggio.

- **Il punto di vista della ragazza** – È veramente offesa che lui abbia pensato che l'avrebbe tradito, soprattutto dato che non stava facendo niente di male. Fa sempre così, è sempre geloso per stupidaggini. Non chiederà mai scusa e lei lo sa.

Situazioni al Lavoro

Scenario 1

Una donna narcisista lavora in un ufficio e cerca sempre di diventare amica dei dirigenti. Non parla e non trascorre mai del tempo coi colleghi, preferisce cercare di diventare amica di chi le sembra essere 'degno del suo tempo'.

- **Il punto di vista della narcisista** – I dirigenti la capiscono e sanno quanto è speciale, conoscono il suo potenziale. Perché dovrebbe prendersi la briga di passare del tempo con chi non è degno della sua attenzione?

- **Il punto di vista dei colleghi** - Cerca sempre di avere i dirigenti dalla sua parte, siamo stufi. Perché pensa di essere così speciale?

Scenario 2

Durante una sessione di brainstorming, un impiegato (narcisista) suggerisce quella che crede essere la risposta al problema. I suoi colleghi la annotano, ma non la lodano. Il narcisista non riesce a credere che i suoi colleghi non capiscano quanto è perfetto il suo suggerimento. Invece di perdere tempo, va dal manager e gli spiega la sua idea, senza aspettare il risultato della riunione.

• **Il punto di vista del narcisista** – L'idea che gli è appena venuta in mente è perfetta, perché gli altri non lo capiscono? Crede che il suo manager lo capirà, quindi va a parlare con lui e gli propone la sua idea.

• **Il punto di vista del manager** – Anche se apprezza le idee degli impiegati e tiene la porta sempre aperta per i suggerimenti, l'impiegato ha mostrato una certa aria di autorità forzata che non è stata molto gradita dal manager. Non capisce perché l'impiegato non abbia semplicemente fatto annotare l'idea insieme a quelle degli altri e non ne abbia discusso coi colleghi.

Come puoi vedere, questi scenari mettono in evidenza alcuni dei tratti narcisistici che possono manifestarsi nella vita di tutti i giorni. Potresti notare atteggiamenti simili da parte di persone che si stanno comportando in maniera leggermente narcisista, ma non significa che siano narcisisti! Come abbiamo detto diverse volte, chi vuole essere lodato non ha necessariamente i requisiti per essere diagnosticato come narcisista; potrebbe semplicemente avere poca autostima in quel momento e volere un po' di supporto in più. Una persona gelosa della sua ragazza una o due volte non è necessariamente narcisista: potrebbe sentirsi insicura a causa di un problema.

È importante guardare il quadro generale delle cose, invece di saltare a conclusioni e dare per scontato di trovarti di fronte a un narcisista. Tuttavia, questi esempi ti mostrano quanto può essere irritante e fastidioso un narcisista quando vuole sminuire o turbare qualcuno che gli sta vicino.

Lavorare con un narcisista non è facile, poco ma scuro. Scoprirai che i narcisisti cercano di conquistare i dirigenti e chi ha autorità, perché il loro senso di importanza li porta a credere di fare il loro dovere in ufficio/al lavoro, e saranno promossi presto comunque. Inoltre, un narcisista pone le proprie idee a un livello superiore rispetto a quelle di tutti gli altri, ed è probabile che calpesti chiunque gli sbarri la strada.

Ciò di cui non abbiamo parlato è lo scenario di un tipo molto nocivo di narcisista – quello tossico o maligno. Questi tipi di scenario possono essere molto dannosi e tetri. Per esempio, l'abuso emotivo per mano di un narcisista può essere estremamente dannoso a livello mentale per una persona. Può trattarsi di un membro della famiglia, un amico, un partner o un capo. Essere sempre sminuito, abbattuto emotivamente, pensare che tutto sia sempre colpa tua, può spingere una persona ad avere un crollo mentale.

Come abbiamo accennato prima, e ripeteremo sicuramente nel prossimo capitolo, avere una relazione con un narcisista tossico o maligno è una forma di abuso. La persona non se ne renderà conto, sarà convinta di stare facendo qualcosa di sbagliato solo perché glielo sta dicendo il narcisista (gaslighting).

Non deve trattarsi necessariamente di una relazione, può essere anche un genitore nei confronti del figlio. In questo caso, è molto probabile che il bambino cresca sviluppando un trauma molto grave e abbia problemi nel corso della sua vita adulta. Il che potrebbe a sua volta fargli sviluppare dei tratti di narcisismo tossico e rovinargli la vita negli anni successivi.

Il narcisismo può essere semplicemente fastidioso, ma può anche diventare estremamente oscuro e dannoso.

Capitolo 4:

Come Sopravvivere a una Relazione con un Narcisista

La maggior parte delle persone vorrebbe incontrare un partner con cui avere una relazione salutare, amorevole. Anche se non è lo scopo ultimo della nostra vita, a molti di noi piace che sia così. Ciò che non ci piace è incontrare qualcuno incapace di avere una relazione del genere.

Un narcisista trova estremamente difficile mantenere delle relazioni di questo tipo. Il motivo non è univoco e può variare da persona a persona; potrebbe essere perché non ha ricevuto affetto da bambino, perché è stato ferito in passato e quindi usa delle tecniche di difesa, o perché è molto geloso, il che rende agli altri quasi impossibile conviverci. Certo, bisogna tenere in conto anche gli altri tratti del narcisismo, che rendono una relazione con chi soffre di DNP molto difficile.

Quando incontriamo qualcuno che ci piace, sappiamo che esiste la possibilità che ci spezzi il cuore, anche se speriamo che non succeda. Cerchiamo di non permettere a questa consapevolezza di turbarci e ci godiamo la parte divertente della relazione. Il problema è che un narcisista non ha la quantità di empatia o di fiducia sufficienti per esscre altro che caotico ed emotivamente nocivo per l'altra persona. Come risultato, molti narcisisti finiscono per essere soli sul lungo andare. La maggior parte dei partner alla fine li lascia perché non ce la fa più; puoi essere un motivo di poco conto o qualcosa di più grave, come un abuso emotivo o l'uso di tecniche di gaslighting.

Abbiamo accennato diverse volte al gaslighting, ma se non sei sicuro di cosa sia, ne parleremo più nel dettaglio in questo capitolo. Anche se non viene usato solo nelle relazioni narcisistiche, è in questo caso che è piuttosto comune.

Sappiamo anche che ci sono molto più uomini narcisisti rispetto alle donne. Perciò, è più probabile che sia il partner maschio a essere narcisista, ma ciò non dovrebbe farti credere che i ruoli non possano essere mai inversi. Ci sono anche molte relazioni in cui è la donna ad abusare emotivamente dell'uomo, le donne narcisiste esistono. Siamo sempre persone, e un narcisista è tale che sia uomo o donna.

Ciò che la maggior parte delle persone non capisce riguardo alle relazioni coi narcisisti è come si arrivi al punto di iniziarne una. Di certo se qualcuno venisse trattato male sin dall'inizio lascerebbe la persona prima di iniziare a provare dei sentimenti. Esploriamo la questione più nel dettaglio.

Un Lupo Travestito da Agnello

Un modo per descrivere un narcisista all'interno di una relazione è il lupo di Cappuccetto Rosso. Il lupo era astuto e si è travestito da qualcuno di cui Cappuccetto Rosso si fidava, cioè la nonna. Così facendo, sembrava essere qualcuno che in realtà non era. Molti narcisisti fanno la stessa cosa senza neanche rendersene conto.

Quando incontri per la prima volta un narcisista in una situazione simil-romantica, si comporta al meglio delle sue capacità. È il più affascinante possibile. Nessuno sa davvero perché sia così, ma si pensa che riguardi il desiderio radicato nei narcisisti di essere apprezzati e di piacere agli altri. Quando vedono qualcuno che gli piace, il loro desiderio è di 'possedere' quella persona. Non nel senso stretto del termine, ma come a dire 'guarda chi sono riuscito ad attirare'. Sembra terribile, ma è così che funziona la mente di un narcisista quando prova attrazione.

Quando un uomo o una donna incontrano qualcuno che si comporta bene, è affascinante e gli fa complimenti per tutto ciò che dicono o fanno, è difficile non esserne attratti. Vale la pena sottolineare anche che certi tipi di narcisisti, soprattutto quelli tossici, tendono a concentrarsi su chi è emotivamente debole o vulnerabile. Il che rende i primi passi dell'attrazione più facili da superare; chi è piuttosto vulnerabile potrebbe ignorare alcuni campanelli dall'allarme rispetto a qualcuno di forte e con una buona autostima. In tal caso, è molto più probabile che una persona si allontani non appena individua un problema.

Una volta arrivata quella prima ondata di attrazione, il narcisista continua a comportarsi come un lupo travestito da agnello finché non ha conquistato del tutto il partner. A quel punto, i giochi sono fatti e inizia a mostrarsi per chi è veramente.

È per questo che molti uomini e donne finiscono per avere relazioni con dei narcisisti. Sono stati ingannati da un'illusione.

Certo, non tutti i narcisisti sono così; stiamo immaginando una situazione con il tipo peggiore di narcisista. Detto ciò, è comune che le persone diventino più intime con chi ha dei tratti narcisistici in questo modo. Inoltre, potrebbe anche essere che una persona empatica o qualcuno che ha una tendenza naturale a voler aiutare il prossimo veda il lato danneggiato di un narcisista e voglia cercare di farlo stare meglio.

Non puoi fare stare meglio un narcisista. Non puoi cambiarlo né guarirlo, ma ciò non impedisce ad alcune persone di provarci. Proprio per questo motivo, una delle combinazioni più tossiche in una relazione è composta da un narcisista e un empatico. Parleremo di questo argomento un po' più avanti.

Segni che Hai una Relazione con un Narcisista

Se al momento hai una relazione e stai osservando il tuo partner pensando 'potrebbe essere un narcisista', o se vuoi solo sapere a cosa stare attento in futuro, diamo un'occhiata ai segni più comuni che indicano che stai con un narcisista.

- **Dirotta Tutte le Conversazioni** – Se sei a un appuntamento o vi state solo rilassando a casa, e lui/lei sposta sempre l'argomento della conversazione su se stesso/a, sei nel territorio del narcisismo. I narcisisti amano ascoltare la propria voce e parlare di se stessi e di ciò che hanno fatto. Se riesci a dire una parola, è probabile che tu venga ignorato. Quando inizi a parlare, è probabile che ti interrompa e torni a parlare di sé.

- **Si Mette in Mostra Durante gli Appuntamenti**
– Anche se è bello andare fuori a cena o per un drink, se noti che il tuo partner fa di tutto per mettersi in mostra quando ti porta fuori, potrebbe trattarsi di un accenno di narcisismo. Stai attento in questo caso, perché potrebbe trattarsi solo di una tecnica di corteggiamento! Alcuni segni a cui stare attenti includono mance troppo elevate, nessuna mancia, essere maleducato col cameriere o ignorare i consigli su vino e cibo dicendo di essere più esperto di chi lavora nel locale.

- **Infrange Sempre le Promesse e Oltrepassa i Limiti** – Se lui/lei prende sempre in prestito delle cose senza restituirle, magari del denaro, o non vuole riconoscere i tuoi spazi personali, potrebbe essere un segno di narcisismo. Un narcisista non ha rispetto per i pensieri o i sentimenti di nessuno, perché ha un'empatia molto ridotta. Non conosce nemmeno bene il concetto di spazio personale, quindi se pensi di averlo sempre 'fra i piedi' è una cosa a cui stare attento. Se ti fa una promessa e non la mantiene, è un altro campanello d'allarme.

• **È Tutto Colpa Tua** – Ti fa una promessa o dice che farà qualcosa; quando non lo fa, dà la colpa a te. Per esempio, dovevate incontrarvi per prendere un caffè dopo il lavoro, ma non si è presentato. Una risposta potrebbe essere: 'cosa ti aspettavi, non me l'hai ricordato!'. Potrebbe bruciare la cena che stava preparando e sarà colpa tua, perché lo hai distratto dicendo qualcosa.

• **Si Guarda Sempre allo Specchio** – Anche se sono molti gli uomini e le donne che hanno qualche piccolo problema di vanità, i narcisisti sono letteralmente innamorati del proprio aspetto. Se noti che il tuo partner si guarda sempre allo specchio, cambia spesso acconciatura e abiti per avere un bell'aspetto e ottenere l'approvazione degli altri, potresti avere a che fare con un narcisista. Un narcisista deve essere il migliore, il più bello ed essere ammirato, e dà molta importanza all'aspetto, più di qualsiasi altra cosa.

• **La Tua Opinione non Vale Niente** – Se state parlando di qualcosa ed esprimi la tua opinione, un vero narcisista sminuirà il tuo punto di vista e ti dirà che tu o la tua opinione siete stupidi, o ancora che la sua migliore. Cercare di fare essere d'accordo con te un narcisista è uno spreco di tempo e ossigeno.

• **Deve Essere il Migliore** – I possedimenti e il modo in cui gli altri lo vedono è vitale per un narcisista. Per esempio, se state cercando di comprare una macchina insieme ma non avete molti soldi, un narcisista preferirebbe fare debiti per guidare l'ultima Mercedes piuttosto che scegliere una macchina più economica.

- **Lui è Importante, Tu No** – Un partner narcisista si aspetta che tu dimentichi i tuoi bisogni e desideri e ti concentri completamente sui suoi. Dei tuoi non prende nemmeno atto! Perciò, dovrai abbandonare tutto per soddisfare i suoi bisogni, e lui non ti ringrazierà mai.

- **Le Discussioni Spesso Finiscono con Lui Che Tiene il Broncio o Scappa** – I narcisisti non sanno gestire il rifiuto o le critiche, in realtà portano solo a fargli mettere il broncio e a iniziare un'altra discussione, o farlo scappare via/farlo diventare emotivamente distaccato. Ciò può arrivare fino a un certo tipo di abuso emotivo, perché sminuendoti a metà della discussione si sente meglio riguardo le critiche che gli hai fatto (probabilmente a ragione).

• **Spesso Agisce Mosso dalla Gelosia** – Spesso i narcisisti sono piuttosto gelosi, e ciò è ancora più vero in una relazione. Se noti attacchi frequenti di gelosia, è un campanello d'allarme a cui stare attento.

Quanti di questi segni puoi notare all'interno della tua relazione dipende dal fatto se puoi davvero classificare il tuo partner come narcisista o meno. Non etichettarlo come tale solo perché ne noti uno o due! Ricorda, perché un a narcisista venga diagnosticato il DNP, deve presentare cinque o più dei tratti elencati sopra, nella sezione dei criteri diagnostici. Non possiamo darti un numero preciso in merito ai segnali di cui abbiamo appena parlato, ma dovresti notarne la metà o più nel corso di un periodo di tempo costante prima di poter decidere categoricamente in un senso o nell'altro.

C'è un Futuro per una Relazione Toccata dal Narcisismo?

Ah, la domanda da un milione di euro. Non possiamo di dire di sì né di no, dipende tutto dalla coppia e dalla quantità di narcisismo presente.

Una persona potrebbe essere contenta di sopportare alcune cose, da cui un'altra potrebbe invece voler scappare lontano. Tuttavia, devi chiederti se sei davvero felice e se vedi un futuro per la coppia. Non rimanere mai con una persona narcisista se ti fa sentire infelice, sminuito o ti fa dubitare della tua autostima o sanità mentale. Il problema è che quei dubbi fanno parte di un problema più grande, il gaslighting, che abbiamo citato già diverse volte.

Molti uomini e donne rimangono in una relazione con un narcisista perché non sanno se si stanno immaginando le cose o se stanno accadendo davvero. Nel profondo sanno che c'è qualcosa che non va e che non dovrebbero sopportare la situazione per come è, ma amano quella persona e non vogliono gettare la spugna. Quando il partner mostra il suo lato cattivo, rimedia tirando fuori quello buono subito dopo; così facendo, tiene la vittima esattamente dove la vuole ed evita che lo lasci.

Invece di chiederci se possa esserci un futuro o meno, dovremmo chiederci se potrebbe esserci un futuro *salutare*. C'è una grande differenza fra i due. Una relazione in cui un partner sminuisce e abbatte costantemente l'altro non è salutare, che si soffra di un disturbo di personalità o meno.

Non ci sono molti narcisisti che rimangono a lungo in una relazione perché, alla fine, l'altro partner vede la luce e trova la forza di andarsene. Non succede sempre, e ci sono casi in cui il destino potrebbe riservare un futuro alla coppia, sempre che il partner narcisista riesca a capire di avere un problema e si faccia aiutare. È possibile, ma non accade spesso.

Anche se stiamo descrivendo una situazione piuttosto tetra, si tratta davvero di esaminare le proprie circostanze personali e decidere ciò che è giusto per te. Non ci sono risposte giuste o sbagliate in questo caso.

Il Narcisista e l'Empatico

C'è una combinazione particolarmente tossica di cui dobbiamo parlare più nel dettaglio. È altamente nociva ed estremamente incompatibile, ma anche un'unione molto comune. Stiamo parlando di una persona classificata come empatica e un narcisista di qualsiasi tipo.

Perché sia una combinazione tossica, il narcisista non deve essere necessariamente tossico o maligno, può essere anche classico, vulnerabile o una combinazione di tipologie. Il problema è che una persona empatica è estremamente sensibile, facile da ferire e vuole sempre aiutare. Un narcisista prova molta poca empatia, forse nessuna, perciò i due non riescono a capirsi. Potresti domandarti come possano finire per stare insieme, ma in realtà è un'unione sorprendentemente comune.

Il punto è che un empatico vuole aiutare ed è attratto dalla natura affascinante di un narcisista quando lo incontra. Anche se di solito le persone empatiche hanno un buon istinto e riescono a individuare qualcuno che si comporta in modo strano da un chilometro di distanza, un narcisista è estremamente bravo a superare quel meccanismo di difesa. Come risultato, l'empatico si trova del tutto ammaliato da questa nuova persona nella sua vita. Poi iniziano a vederne i punti deboli, ad esempio il lato vulnerabile, quello che ha bisogno di rassicurazioni costanti. Il lato empatico della sua natura vuole aiutare e quasi 'aggiustare' il narcisista.

Come abbiamo già detto, e nc parleremo più in dettaglio in seguito, un narcisista non può essere guarito, perché si tratta di una parte radicata nella sua personalità che necessita dell'aiuto di un professionista in grado di poter cambiare lo schema di pensiero colpito dal disturbo. Alla fine, succede che l'empatico viene sminuito e danneggiato emotivamente dalla mancanza di empatia e dal comportamento in generale del narcisista. È anche probabile che l'empatico faccia fatica a lasciare il narcisista, perché quest'ultimo continuerà a tirare fuori il suo lato affascinante al momento giusto, proprio quando l'empatico è pronto a farsi coraggio e andarsene.

Gli empatici sono estremamente sensibili, come abbiamo già detto. Non capiscono come una persona possa usare le emozioni per scopi manipolativi ed è molto facile ferirli. Perciò, le azioni sconsiderate di un narcisista possono turbarli e ferirli profondamente.

Ovviamente, lo stesso potrebbe essere detto per qualsiasi tipo di persona sensibile. In molti casi, i narcisisti cercano attivamente le persone vulnerabili e sensibili perché sono molto più facili da manipolare. È il caso soprattutto dei narcisisti tossici e maligni, che sembrano quasi divertirsi a causare dolore e turbare un'altra persona.

Sfortunatamente, l'unico modo per superare questo problema è che un empatico riesca a vedere la luce e ad andarsene. Tuttavia, per molte persone è estremamente difficile da fare. Persino quando un empatico viene trattato male, cerca sempre di vedere il buono nell'altro.

Quando è Ora di Andarsene

Anche se non è impossibile che una relazione toccata dal narcisismo abbia successo nel corso del tempo, ci sono molti più casi in cui l'unione fallisce. È probabile che si tratti di un processo lungo per via di una cosa di cui finalmente parleremo a breve: il gaslighting.

La persona che ha una relazione con un narcisista si metterà costantemente in dubbio e si domanderà se davvero viene trattata male o se lo sta immaginando. Il narcisista ribalterà tutto sul partner e gli farà pensare di avere sempre la colpa. Per chi è piuttosto sensibile o emotivamente vulnerabile, questo comportamento può farlo rimanere in una relazione dannosa e pericolosa per fin troppo tempo.

È probabile che chi sta cercando di lasciare un narcisista torni indietro alcune volte prima di riuscire finalmente a tagliare tutti i ponti. È improbabile che un narcisista 'lasci perdere'. Come abbiamo detto in precedenza, molti narcisisti vogliono avere il meglio del meglio e collezionano le cose; per certi versi, il partner è un'estensione di questi possedimenti. Quando il partner sceglie di lasciarlo, lo vede come un fallimento e un rifiuto enorme. Potrebbe reagire con rabbia o cercare di conquistarlo di nuovo, tornando alla 'vecchia' versione di sé che era riuscita ad attirare l'altra persona all'inizio. In molti casi, può essere sufficiente per fare tornare il compagno perché, in fondo, prova ancora dei sentimenti forti.

Molti dei partner che riescono a uscire da questo tipo di relazione hanno bisogno di molto sostegno in seguito, alcuni anche di psicoterapia. A seconda del tipo di trattamento che ha dovuto subire (molto peggiore nel caso in cui fosse coinvolto con un narcisista maligno o tossico), l'empatico potrebbe avere molti problemi di fiducia nelle relazioni future, soprattutto senza un qualche tipo di psicoterapia o sostegno.

Come puoi vedere, le relazioni con un narcisista non sono dannose solo per il narcisista (perché molti finiscono per non avere mai dei rapporti reali d'amore a causa della loro incapacità di avere buone relazioni), ma anche per il partner. Lasciarli è difficile e, in alcuni casi, è un processo che richiede mesi, se non anni.

Spesso succede che una persona si renda conto solo alla fine che il proprio partner è narcisista. È questo l'elemento propulsore che gli fa pensare di doverlo lasciare. Tuttavia, quando inizia il gaslighting, la difficoltà aumenta.

Siamo finalmente arrivati a rispondere alla domanda: cosa è il gaslighting?

Il Gaslighting

Prima di tutto, diamone una definizione.

Il gaslighting è una tecnica di manipolazione che fa dubitare la vittima della propria sanità mentale.

È una mossa classica per un narcisista e viene usata da tutte le tipologie. Può essere lieve, moderata o estremamente grave. Nel caso di un abuso emotivo da parte di un narcisista maligno o tossico, il gaslighting può arrivare a fare pensare al partner di essere pazzo.

Per spiegare meglio cosa sia il gaslighting nella pratica, diamo un'occhiata ad alcune delle tecniche più usate dai narcisisti.

• **Evitare** – Il narcisista si rifiuta di ascoltare il partner o fa finta di non riuscire a capire cosa sta dicendo.

Ribalterà su di lui la questione, con frasi come 'ci risiamo, dici le sempre stesse cose' o 'non ho idea di cosa tu stia parlando'.

• **Sviare o bloccare** – Potrebbe dire al partner che si sta immaginando tutto, che non sta succedendo e se lo sta creando nella sua testa. Potrebbe anche cambiare argomento di modo che l'altro non riesca a esprimere il proprio punto di vista o a parlare dei problemi. Per esempio, 'te lo stai immaginando'.

• **Controbattere** – In questo caso, il narcisista farà dubitare al partner dei suoi ricordi di ciò che è successo, anche se ha la situazione perfettamente chiara nella sua mente. Per esempio, 'non ti ricordi mai niente, non è successo'. Il partner inizia quindi a mettere in dubbio che quella cosa sia accaduta davvero.

- **Negare** – Il narcisista fa dubitare il partner che una cosa sia successa davvero. È probabile che succeda quando il narcisista ha promesso di fare qualcosa, ma non l'ha fatta. Invece di ammettere che se l'è dimenticato, dirà 'non so di cosa stai parlando' e farà finta che non sia mai successo.

- **Banalizzare** – È una forma comune di svilimento emotivo tramite cui il narcisista non dà alcuna importanza ai sentimenti o ai bisogni del partner. Per esempio, 'sei troppo sensibile', 'non riesco a credere che ti sia arrabbiato per una stupidaggine del genere'.

Queste cinque tecniche sono metodi classici di gaslighting e possono essere usate tutte insieme, separate o in sequenza. Un narcisista usa il gaslighting in maniera diversa a seconda della situazione, ma queste tecniche si uniscono in una manipolazione mentale che, alla fine, può far rimanere con lui il partner, anche se nel profondo sa che dovrebbe andarsene. Ciò accade perché il partner inizia a domandarsi se si stia davvero inventando le cose, se stia vedendo ciò che non c'è, o se il suo istinto abbia ragione. Spesso, il dubbio è sufficiente a farlo restare, anche se è infelice.

È importante capire bene cosa sia il gaslighting, perché questo tipo di manipolazione emotiva equivale a un abuso. È così sottile che spesso non ci si accorge di esserne soggetti. Se non sei sicuro del fatto che ti stia accadendo, poniti le seguenti domande:

• Dubiti costantemente di te stesso?

• Ti chiedi regolarmente se sei troppo sensibile?

- Ti senti spesso confuso, e a volte ti domandi se stai impazzendo?

- Sei sempre tu a chiedere scusa, anche se a volte pensi di non doverlo fare?

- Sai di essere infelice, ma non capisci il perché?

- Cerchi sempre di scusare il comportamento del tuo partner a chi ti è vicino, ad esempio amici o familiari?

- Spesso non parli ai tuoi amici e alla famiglia delle cose che ti sono successe?

- Hai la sensazione che ci sia qualcosa che non va, ma hai troppi dubbi per fare qualcosa?

- Hai iniziato a chiuderti in te stesso e ti comporti in modo diverso, arrivando persino a mentire, per poter evitare situazioni in cui sai che le tue parole ti verranno ritorte contro?

- Pensi al passato con affetto, ricordando quando amavi divertirti ed eri più rilassato?

- Pensi spesso di non farne mai una giusta?

- Hai iniziato a mettere in dubbio la tua capacità di essere un buon compagno?

Se hai questi pensieri regolarmente, ci sono buone probabilità che tu sia una vittima di gaslighting da parte di un partner narcisista. Non possiamo sottolineare abbastanza l'importanza di riconoscere questa tecnica. Chi viene manipolato emotivamente in questo modo non se ne rende conto, perché il gaslighting è molto efficace. È abbastanza discreto da passare inosservato, ma forte a sufficienza da funzionare.

Approfondiamo ulteriormente l'argomento elencando alcuni segni che hai una relazione con un partner narcisista, che sta usando il gaslighting come tecnica di manipolazione.

- **Mente molto, guardandoti in faccia** – Sai che sta mentendo, ma le bugie sono così evidenti che non puoi fare a meno di domandarti se stia dicendo la verità. Lo fa per destabilizzarti, di modo che tu non sia mai sicuro di quale sia la verità.

- **Nega sempre di avere detto qualcosa, anche se sai che l'ha fatto** – Anche se hai un messaggio da parte sua in cui c'è scritta una cosa specifica, nega persino che esista quella prova. Inizia a farti dubitare anche della realtà. Più lo fa, più comincerai a credere che la sua versione sia quella giusta.

- **Usa chi ti è vicino** – Un narcisista potrebbe usare la tua famiglia e i tuoi amici, chi sa essere importante per te, e dice brutte cose per danneggiare la tua autostima. Per esempio, se hai figli potrebbe dire: "non dovresti avere figli, non sei una brava madre", usando un attacco emotivo molto profondo.

- **Riconosci uno schema ripetuto nel corso del tempo** – Il gaslighting non si verifica mai in fretta, è un processo lungo che scava sempre più in profondità col passare del tempo. Inizierà lentamente, ad esempio con qualche bugia o commento, per poi aumentare di frequenza. In questo modo, è difficile che il partner lo noti finché non si trova già fra le grinfie del narcisista.

- **Non fa ciò che dice** – Il detto 'le azioni parlano più delle parole' si applica bene a questa situazione. Se vedi che ciò che il tuo partner dice e quello che fa non corrispondono, si tratta di una tecnica velata di gaslighting. Ricorda che le parole non significano niente se non sono confermate dalle azioni.

- **Usa anche parole e azioni positive** – Se qualcuno usasse il gaslighting sempre in maniera negativa te ne accorgeresti; in questo caso, un narcisista tornerà alla versione affascinante di sé e ti farà complimenti, ti confonderà facendoti pensare che ti sia immaginato tutte le cose negative. Per esempio, ti sminuirà e ti farà sentire inutile per una cosa che hai detto o fatto, poi ti loderà per qualcos'altro. Ciò significa che l'ago della bilancia del potere pende sempre verso lui, e sa che dovrà tenerti confuso per evitare che lo lasci.

- **Dice a te o agli altri che sei pazzo** – Se il tuo partner ti ripete costantemente che sei pazzo, o lo dice ad altre persone, si tratta di gaslighting, perché sicuramente ti farà mettere in dubbio la tua sanità mentale.

- **Ti fa credere che tutti gli altri mentano, o che sia colpa loro** – È un altro metodo per farti dubitare della tua sanità mentale e farti domandare chi ti stia dicendo la verità. Il risultato è che finisci per alienarti da chi ti sta intorno, e spesso l'unica persona che ti rimane è il narcisista.

Lo scopo di evidenziare questi esempi comuni è di aiutarti a capire in fretta se un narcisista stia davvero usando il gaslighting contro di te. Vedi in quanti di questi punti ti ritrovi. Ricorda, se ne riconosci solo uno o due, o se si sono verificati una sola volta, non vuol dire in maniera definitiva che si tratti di gaslighting. A volte capita a tutti di essere un po' manipolativi, è parte della natura umana; tuttavia, se succede regolarmente e riconosci diverse tecniche, potrebbe essere un segnale tangibile di una manipolazione emotiva in atto.

Abbiamo detto che il termine 'narcisista' è usato fin troppo spesso di questi tempi, e che il vero narcisismo è più raro di quanto si pensi; il gaslighting, invece, è piuttosto comune, ma non viene usato solo dai narcisisti. È una forma di abuso emotivo che può essere usata da chiunque voglia manipolare un'altra persona. Ha le sue radici nel narcisismo, e la maggior parte dei narcisisti (di tutti i tipi) la usa. Stai attento a queste tecniche e ai campanelli d'allarme prima che diventino parte integrante della tua vita. Ricordati che non è colpa tua, non stai impazzendo.

Fare i Conti con l'Abuso Emotivo

Il problema dell'abuso emotivo è che la vittima è spesso inconsapevole di ciò che sta succedendo per colpa del gaslighting e del fatto che il narcisista l'ha usato in maniera così lenta e velata che chi lo subisce non se ne è nemmeno accorto. Quando inizia a porsi domande su ciò che sta vivendo, e forse qualcun altro glielo fa notare, uscire dalla situazione è ormai molto difficile.

L'abuso emotivo non può essere mai perdonato, né è qualcosa che dovresti sopportare. Il titolo che abbiamo usato, 'Fare i conti con l'abuso emotivo', non vuol dire che lo devi sopportare e rimanere nella stessa situazione, ma che devi capirlo e uscire dalla relazione per il tuo bene e minimizzare gli effetti futuri sulla tua salute emotiva e mentale.

Spesso, l'abuso emotivo passa inosservato e non gli viene attribuito lo stesso fattore di shock dell'abuso fisico. Ciò è probabilmente dovuto al fatto che non ci siano cicatrici fisiche da vedere; e le cicatrici emotive non si possono vedere, solo provare. Il fatto è che si guarisce da un abuso fisico e, anche se lascia sicuramente delle cicatrici mentali, di solito trovare supporto è più facile. La società ha reso molto più difficile trovare aiuto per i problemi emotivi; tendiamo a riconoscere solo ciò che possiamo vedere. Si spera che in futuro questa situazione muti, ma il vento sta cambiando e ora più che mai si riconosce l'abuso emotivo come dannoso.

Nel corso del tempo, l'abuso emotivo può fare dubitare una persona della propria sanità mentale, facendola vivere con un senso di autostima e fiducia in sé incredibilmente bassi. Non uscirà più di casa, si alienerà da chi gli sta vicino ed eviterà le situazioni sociali. Non è un modo di vivere felice o salutare.

Di seguito troverai alcuni passi che ti aiuteranno a fare i conti con l'abuso emotivo che potresti aver subìto in una relazione con un narcisista.

- **Capisci Cosa Stia Succedendo Davvero** – Prima di tutto, devi essere onesto con te stesso e vedere le cose per come stanno davvero: un narcisista stava abusando di te emotivamente. Sì, potresti essere innamorato di questa persona, ma la relazione non va bene per te, e sei tu la cosa più importante al momento.

- **Dai Priorità alla Tua Salute** – La tua salute mentale e fisica dovrebbe essere la cosa più importante a cui dovresti pensare al momento. Smetti di cercare di compiacere il tuo partner e rivolgi quell'attenzione su di te. Cerca di aumentare la sicurezza di te e migliorare la tua salute, magari trovando un nuovo hobby o iscrivendoti in palestra. Prenditi cura di te e datti il tempo di guarire.

- **Fissa dei Limiti** – È cruciale che tu fissi dei limiti col tuo partner. Digli che non può urlarti contro, non può insultarti, non può offenderti. Dovresti dirgli anche se continua a fare così te ne andrai. Se lo fa di nuovo, esci dalla stanza. È molto importante che tu faccia ciò che dici.

- **Poni Fine al Gioco della Colpa** – Chiunque sia stato soggetto all'abuso emotivo per mano di un narcisista avrà probabilmente passato buona parte delle proprie giornate a darsi la colpa per tutto ciò che andava male nella relazione. Il che deve finire. Fatti una domanda molto dolorosa, ma molto reale: perché qualcuno che afferma di amarti si dovrebbe comportare così? Sì, soffre di un disturbo, ma significa che devi soffrire? No. Non puoi controllare la situazione, quindi non dartene la colpa.

- **Abbi Ben Chiaro nella Tua Mente che Non Puoi Guarirlo** – Fai le tue ricerche sul DNP e abbi ben chiaro che non puoi guarirlo, quindi non provarci nemmeno. Puoi cercare di parlarci e forse condividere il fatto che pensi che possa soffrire di DNP, ma è probabile che un vero narcisista ignori questa idea e ti insulti per averla suggerita. Perderai tempo, ed è ora di interrompere il ciclo della colpa.

- **Costruisci una Rete di Supporto** – Confidati con qualcuno di cui ti fidi sulla realtà della situazione, e non sentirti in imbarazzo o in colpa. Più supporto riesci a ottenere (e fidati che lo troverai), più sarà facile capire la situazione e diventare abbastanza forte da compiere l'ultimo passo.

- **Vai Via** – Facile a dirsi, ma non a farsi. Prepara un piano che ti permetta di uscire da questa relazione abusiva a testa alta. Sappi dentro di te che il tuo partner cercherà di trattenerti, ma è proprio per questo che ti serve quella rete di supporto di cui abbiamo parlato poco fa. Sii forte e sappi che non meriti di subire quell'abuso, anche se si tratta di una persona malata.

- **Cerca Aiuto se ti Serve** – Chiedere aiuto non è segno di debolezza, e se dopo che sarai finalmente riuscito a chiudere la relazione avrai bisogno di parlare con un professionista, per poter elaborare le difficoltà che hai vissuto, fallo. La maggior parte delle persone che si è trovata in relazioni del genere ha avuto bisogno di un qualche tipo di psicoterapia o assistenza psicologica per poter ricostruire la propria autostima e sicurezza di sé. Così facendo, investi nel tuo futuro, preparandoti a quando incontrerai qualcuno che merita il tuo amore.

La cosa più difficile del DNP è che si tratta di un disturbo di personalità e, perciò, di un problema di salute mentale. Sappiamo che una persona non è così per scelta, ma è una scelta non cercare aiuto e tentare di guarire. Sappi con assoluta certezza che non puoi farci niente, che ti meriti di meglio e che, anche se ami questa persona, non sarà mai ciò di cui hai bisogno.

Perché i Narcisisti Sono Spesso Persone Sole (Anche se non lo Ammettono)

Abbiamo parlato in dettaglio del fatto che una persona che ha una relazione con un narcisista dovrà lasciarlo, e ciò ti dice molto sul perché i narcisisti siano spesso persone sole. Il problema è che non lo vogliono ammettere. Ti diranno che le persone che se ne sono andate non erano degne del loro tempo e della loro attenzione. Il loro senso di grandiosità gli impedisce di vedere che hanno trattato molto male una persona speciale, o che forse è colpa loro se sono stati lasciati.

È triste, ma la maggior parte dei narcisisti finisce per essere sola, oppure, se riescono ad avere relazioni, si tratta di rapporti tutt'altro che salutari. Certo, non è un dato sicuro al 100% che un narcisista finisca per essere solo, perché alcuni riescono ad avere vite migliori, ma perché possano farlo devono cercare aiuto psicologico per superare il loro disturbo di personalità e, così, riuscire a creare relazioni significative che rendano felici entrambe le parti.

Capitolo 5:
Aiutare Qualcuno che Soffre di Narcisismo

Potresti domandarti perché vogliamo parlare di come aiutare chi soffre di narcisismo quando ti abbiamo ripetuto più volte che non puoi farlo. Non è questo il punto. Non stiamo suggerendo che puoi agitare una bacchetta magica e salvare questa persona, permettendole di avere relazioni e amicizie significative e durevoli, ma che ci sono modi in cui puoi almeno aiutarla e, forse, incoraggiarla a cercare aiuto.

Devi sapere sin da subito che potrebbe non funzionare – i narcisisti sono per natura testardi e non accetteranno di ricevere aiuto se non pensano che sia strettamente necessario. Implicando che potrebbero avere un problema e necessitare di aiuto, stai (ai loro occhi) attaccando la loro stessa personalità, e la cosa non verrà presa alla leggera.

I narcisisti non lo sono sempre al 100%; potresti conoscere qualcuno che è narcisista solo quando è provocato da certi eventi, ad esempio un rifiuto o un periodo difficile, che fanno emergere il disturbo. D'altro lato, potresti avere a che fare con una persona narcisista in ogni momento, ma non ad alti livelli, e questo è il tipo di persona che potresti riuscire ad aiutare. Ma se invece si tratta di chi soffre di narcisismo grave e tossico, non perdere tempo. Non prenderà bene i tuoi suggerimenti e accetterà l'aiuto solo quando arriverà a una situazione drammatica.

Come Puoi Aiutare una Persona Narcisista?

Quindi, come puoi cercare di aiutare una persona narcisistica nei fatti?

Ci sono pochi modi in cui potresti cambiare qualcosa, ma puoi provare a incoraggiarlo a cercare aiuto tramite mosse velate. Ripetiamo che dipende dal tipo di narcisismo di cui soffre. Dovresti essere anche preparato a vedere il tuo punto di vista rifiutato, ma sappi che almeno ci hai provato. Da lì, puoi capire quali sono le tue opzioni e decidere un piano d'azione. Ricorda, non puoi cambiare una persona se non è disposta a farlo, puoi controllare solo te stesso.

Ci sono tre modi principali in cui puoi cercare di aiutare qualcuno che soffre chiaramente di DNP.

Non Permettergli di Manipolarti

Questo passo va fatto principalmente per il tuo bene, ma lo aiuterà indirettamente. Rifiutando di farti manipolare, facendo sì che il gaslighting gli si ritorca contro, lo farai fermare a riflettere su ciò che sta facendo. Vedrà che sei più forte e si domanderà perché. Non vorrà che te ne vada, ha bisogno di te anche se il suo comportamento potrebbe indicare diversamente.

Certo, per evitare che ti manipoli dovrai prima essere consapevole del fatto che tu sia vittima di una manipolazione emotiva. A tal proposito, i passi di cui abbiamo parlato nel capitolo precedente per capire come gestire un abuso emotivo ti aiuteranno. Poni dei limiti e digli che te ne andrai se non li rispetta. Inoltre, assicurati di fare davvero ciò che dici che farai.

Per certi versi, avere a che fare con un narcisista è come trattare con un bambino. Se gli dici che non può avere qualcosa e poi cedi, continuerà a comportarsi in quel modo perché sa che prima o poi otterrà ciò che vuole. I narcisisti fanno la stessa cosa, motivo per cui è importante che se dici che te ne andrai quando ti sminuisce, tu lo faccia davvero. Non scusarti per qualcosa che non è colpa tua e non piegarti alle sue richieste.

Ci vorrà un po' di pratica per riuscirci e sarà difficile, ma prendendoti cura di te stesso e dei tuoi bisogni troverai la forza per farlo.

Assicurandoti che le sue tattiche gli si ritorcano contro, gli stai togliendo una grossa fetta di potere. Da qui, la situazione potrebbe evolversi in due direzioni: potrebbe arrabbiarsi e avere scatti d'ira per i tuoi tentativi, o potrebbe iniziare ad ammorbidirsi. Dipende dal livello di narcisismo di cui soffre. Certo, se dovesse verificarsi il primo caso, lascialo. Ci hai provato, non c'è nient'altro da fare.

Aspetta Finché è Calmo e Parlatene

Se hai provato il primo passo e non è andata poi così male, ad esempio se si è ammorbidito un po', questo secondo passo potrebbe aiutare. Ricorda, deve decidere da solo di chiedere aiuto. Non serve a niente costringere qualcuno ad andare da un dottore se non crede che ci sia qualcosa che non va. Pensa ad esempio a un alcolizzato: non puoi costringerlo ad andare dal dottore e ad ammettere che ha bisogno di aiuto. Il primo passo verso la guarigione è essere consapevoli di avere un problema.

Tutti i tipi di trattamento per il DNP sono imperniati sull'impegno totale da parte del paziente. Se una persona non crede di avere bisogno di aiuto, non funzioneranno. Quindi, il punto di questo passo è di gettare il seme del dubbio nella sua mente e aiutarlo a esplorare le possibilità.

Aspetta finché è calmo, sedetevi e parlatene. Sii gentile e non prepotente. Parla con lui e assicurati di mantenere stabili le tue emozioni. Spiegagli che pensi ti stia trattando in modo ingiusto e fai degli esempi a sostegno delle tue parole. Digli che sai che non è sua intenzione trattarti in questo modo e che è una brava persona. Se resta calmo, potresti riuscire a fare qualche progresso. Se invece fa una sceneggiata tipica di un narcisista e se ne va, sei arrivato a un punto morto.

Trova qualche libro sul DNP e lascialo sul tavolo. Digli che hai trovato queste informazioni e forse potrebbe interessargli leggerle. Puoi proporre di leggerli insieme, e digli che gli sarai vicino a prescindere dalla sua decisione.

Ricorda, non è garantito al 100% che questo passo funzioni, ma vale la pena provarci se vuoi essere sicuro di aver fatto tutto il possibile prima di decidere se andartene o meno. È anche importante che se, per un colpo di fortuna, accetta di parlare della questione con un professionista, e riconosce che potrebbe esserci qualcosa che non va, tu lo supporti e rimani con lui. Ricorda che, nel profondo, a un narcisista manca sicurezza di sé e ha bisogno di rassicurazioni costanti. Il fatto che tu abbia suggerito che potrebbe esserci qualcosa che non va in lui potrebbe portare a qualsiasi risultato, ma trattando la questione in maniera delicata ed essendo sempre d'aiuto, potresti riuscire a fargli ottenere l'aiuto professionale per superarlo.

Dagli un Ultimatum

Questo è l'ultimo metodo da provare, e non dovrebbe essere usato per primo. È improbabile che vada bene, ma esiste una possibilità. Dandogli un ultimatum gli stai praticamente dicendo: "senti, non voglio essere trattato così, ma so che nel profondo non è tua intenzione farlo. Ti do un'ultima possibilità per sistemare la questione, e ti starò sempre accanto. Se rifiuti e continui a comportarti così, ti lascerò per sempre". Devi rimanere fedele alle tue parole e non rimangiartele. Sii forte in entrambe le eventualità.

Tuttavia, lo scopo di questo passo non è di urlare e fargli la ramanzina, ma di fare una dichiarazione d'intenti decisa. Se ci aggiungi le emozioni e l'isteria, non ti prenderà seriamente.

Questi sono gli unici modi in cui puoi cercare di aiutare qualcuno che soffre di DNP senza essere un professionista del settore. Anche se lo fossi, la persona dovrebbe comunque essere disposta a chiedere aiuto e a impegnarsi per cambiare. Il trattamento per il DNP è piuttosto intensivo e richiede molte riflessioni profonde e un cambiamento comportamentale. È necessaria una buona forza di volontà perché funzioni, perciò puoi capire perché non ci saranno buoni risultati per chi è stato costretto a farsi aiutare.

L'Importanza di Sapere che non Puoi 'Salvare' Nessuno

L'abbiamo già detto, ma bisogna ripeterlo. Non puoi 'salvare' una persona con il DNP, e non puoi 'aggiustarla'. Deve essere una sua decisione. È triste lasciare chi soffre di un disturbo e non vuole davvero comportarsi in un certo modo ma, allo stesso tempo, non puoi agitare una bacchetta magica e fare sparire tutto.

L'unica cosa che puoi fare è concentrarti su te stesso e fare ciò che pensi sia giusto. Dentro di te sai di meritare la felicità, e se il tuo partner/amico o di chiunque si tratti non può dartela, puoi solo andartene, per il tuo bene. Se hai una relazione con questa persona, cosa succerebbe se dovesse arrivare un bambino? Vorresti che nascesse all'interno di una relazione con un elemento narcisista? Bisogna sicuramente pensare anche a queste cose.

Assicurarti di avere questo fatto chiaro nella tua mente prima di cercare di aiutare qualcuno con il DNP, e prima di decidere di lasciarlo. Sapendolo in maniera chiara e definitiva non rimpiangerai le tue azioni.

I Narcisisti Sono Pericolosi?

L'ultima cosa di cui discutere in questo capitolo è il fatto se i narcisisti siano davvero persone pericolose.

Le risposte sono molto varie e, alla fine, dipende sempre dalla persona. Un narcisista tossico o maligno è pericoloso? Sì. Forse non fisicamente, ma di sicuro emotivamente e psicologicamente. Questo tipo di narcisista non ha problemi a manipolare gli altri; per darti un'idea di quanto possa diventare brutta la situazione, un narcisista tossico rimarrà a guardare il proprio partner col sorriso sulle labbra quando quello ha un crollo emotivo e piange per qualcosa che ha detto o fatto. Questo tipo di narcisista è crudele e, perciò, pericoloso per la salute mentale e il benessere emotivo degli altri.

Pericoloso fisicamente? Non possiamo generalizzare ma, in media, no. Detto ciò, i narcisisti tossici a volte sono legati agli psicopatici e ai sociopatici, e ci sono molti inneschi che possono far scoppiare questo tipo di persona e farla comportare in maniera estremamente pericolosa.

Se parliamo di un narcisista classico o vulnerabile, il pericolo probabilmente sarà più velato ed emotivo, anziché fisico. Ricorda, l'abuso emotivo è brutto tanto quanto quello fisico (se non peggiore), e solo perché non puoi vederne le cicatrici non significa che non ci sia.

Pericoloso per la tua felicità futura? Sicuramente.

Capitolo 6:

Dopo che te ne Sei Andato

Se devi allontanarti da un partner, amico, familiare narcisista, ci sono alcune cose da sapere sul 'dopo'.

È semplice: un narcisista non si stringerà nelle spalle dicendo: "va bene, ci vediamo", né ti lascerà andare via senza ripercussioni. È molto più probabile che torni a comportarsi al suo meglio e cerchi di attirarti di nuovo da lui.

E lo fa per un motivo: odia il rifiuto e lo prende in maniera molto negativa. Quando lasci un narcisista lo stai rifiutando come persona, a prescindere da quanto ti abbia trattato male. Non riconoscerà tutto l'abuso emotivo e la manipolazione che ti ha fatto subire perché, ai suoi occhi, ti ha trattato come un re/regina. Ti vedrà allontanarti e la cosa lo farà arrabbiare o lo ferirà in profondità nella sua parte insicura. Ci sono due opzioni per il passo successivo:

• Si arrabbierà e sarà rancoroso, perciò è probabile che ti bombardi di messaggi e post sui social media su come stia meglio senza di te e così via (un ulteriore abuso)
• O tornerà di nuovo a essere il fascino personificato e cercherà di ricordarti dei bei tempi trascorsi insieme.

Se ti dovessi trovare nella prima situazione, ignoralo e bloccalo. Si sta facendo prendere dall'orgoglio. In questo caso, pensa che tu stia facendo un errore nel rifiutarlo e ti sta incolpando di tutto. Certo, tu sai che non è così. Blocca il suo numero di telefono e i suoi profili sui social, non andare in luoghi dove sai che potrebbe recarsi e rimani da un amico per un po' di tempo, se sei preoccupato che potrebbe presentarsi alla tua porta. Alla fine, si annoierà e stancherà nel non ricevere una risposta. Triste ma vero.

Anche la seconda ipotesi è piuttosto comune, ed è così che molte persone finiscono per tornare col narcisista più e più volte. L'unica risposta, in questo caso, è rimanere convinto della tua posizione e ricordarti perché te ne sei andato. È ancora meglio se hai una rete di supporto consolidata. Queste persone ti aiuteranno quando la tua risoluzione potrebbe tentennare, cosa che succederà a un certo punto. Avete davvero avuto dei bei momenti, stavi con quella persona per un motivo. Ricorda, se sei stato vittima di gaslighting potresti essere incerto su cosa fare dopo, perché stai ancora soffrendo delle ripercussioni di questo tipo di abuso emotivo. I tuoi amici e familiari dovranno aiutarti, ma ripetiamo: blocca il suo numero di telefono e i profili sui social. Meno può contattarti, più sarà facile per te dirigerti verso il tuo futuro.

Cosa ti Devi Aspettare:

• Suppliche

• Implorazioni

• Negoziazioni

• Gioco della colpa

• Insulti

• Silenzio, alla fine

Se pensi di essere fuori pericolo una volta che arriva il silenzio, non correre. Se dovesse incontrarti per strada poco tempo dopo, è probabile che ricominci con le suppliche e le negoziazioni. Allontanarsi da un narcisista richiede tempo, ma sappi che sarà un viaggio che sarai contento di avere intrapreso.

Avere Relazioni Dopo Aver Lasciato un Narcisista

Una volta che hai superato la fase di allontanamento da un narcisista, il futuro sembrerà più chiaro e luminoso. È importante darti il tempo di superare la rottura, senza saltare subito a un'altra relazione per cercare di bloccare il dolore che hai provato in precedenza. È una cosa che si verifica piuttosto spesso, ma è ancora più comune cercare di evitare del tutto le relazioni.

Ricorda che non puoi giudicare un partner futuro in base a ciò che hai vissuto prima, ma è del tutto normale farlo. Per questo motivo, fare qualche seduta di psicoterapia può essere una buona idea. Il non affrontare tutto ciò che ti è successo mette a rischio il tuo futuro. Molte persone che sono riuscite a uscire da una relazione con un narcisista sono così segnate emotivamente da ciò che hanno vissuto da non volersi avvicinare mai più a qualcun altro. Non appena il partner inizia a mostrare anche il più piccolo accenno di qualcosa di simile al narcisismo, scappano.

Il fatto è che tutti mostriamo dei leggeri segni di narcisismo di tanto in tanto, ma ciò non fa di noi dei narcisisti. A volte possiamo non provare empatia, sminuire qualcuno senza volerlo una o due volte, e comportarci in modi che vorremmo evitare. La differenza è che poi ci scusiamo e vediamo dove abbiamo sbagliato, mentre un narcisista non lo farà.

Non commettere l'errore di etichettare tutti allo stesso modo o fare di tutta l'erba un fascio.

Il modo migliore per avvicinarti di nuovo al mondo delle relazioni dopo avere lasciato un narcisista, è farlo lentamente. Prova così:

• Datti un po' di tempo per riprenderti. Non cercare di fare niente, non cercare di provare nulla e non costringerti a superare la cosa; passa solo un po' di tempo con te stesso e prova ad analizzare gli eventi nella tua mente per poterli comprendere. Se hai bisogno della prospettiva di qualcun altro o di aiuto professionale, è il momento giusto per cercarli.

• Concentrati su te stesso. È ora di fare ciò che ti piace ed essere buono con te stesso. Hai trascorso molto tempo con una persona che ti trattava male, ed è probabile che ti sia dimenticato come goderti le cose. Trova un hobby che hai sempre voluto provare, segui dei corsi serali, esci con gli amici, poltrisci la domenica mattina, leggi i tuoi libri preferiti, mangia i cibi che ti piacciono di più, goditi la natura.

• Concentrati sulla tua salute. Dopo esserti concentrato su te stesso, sposta l'attenzione sulla tua salute. Un corpo e una mente sani sono la vendetta migliore! Anche se non dovresti pensare alla vendetta, diventare una versione migliore di te stesso dopo una brutta esperienza è sicuramente bellissimo. Mangia cibi salutari, dormi molto, evita lo stress e assicurati di tenere la mente attiva. Ti sentirai molto più forte.

• Goditi la vita. Una volta che inizi a sentirti meglio, e potrebbe volerci molto tempo in alcuni casi, inizia a goderti semplicemente la vita. Non dovresti avere il solo scopo di conoscere altra gente, e non pensare nemmeno a iniziare una relazione; se succede, succede. Non c'è nessuna fretta.

- Quando sei pronto, sii aperto alla possibilità. Il punto è incontrare qualcuno che sia degno del tuo tempo e della tua attenzione, e che possa darti ciò che non avevi prima. L'altra persona non dovrebbe completarti o guarirti. Quando pensi di essere pronto, sii aperto alla possibilità di incontrare qualcuno, ma non dargli troppa importanza. A volte, chi è uscito da una relazione con un narcisista può essere esigente, perché vuole evitare a tutti i costi che la storia si ripeta. Seguendo questi passi e dando importanza alla ricostruzione di te stesso, è molto meno probabile che ti succeda.

- Non fare di tutta l'erba un fascio. Se dovessi incontrare qualcuno e iniziassi a frequentarlo, non trattarlo come se fosse il tuo ex narcisista. È un passo di vitale importanza. I veri narcisisti sono molto, molto rari, devi ricordarlo. È altamente improbabile che incontri due volte nella vita una persona che soffre di DNP, e anche se è possibile conoscere qualcuno che si comporta in maniera narcisistica di tanto intanto, non si tratta di un vero narcisista, perciò non porterà allo stesso tipo di problemi.

• Riconosci i segni. Non scappare al primo accenno di problema, ma richiedi sempre rispetto e comprensione. Se qualcuno inizia a trattarti male, parla della questione e imponiti prima di andartene. Se puoi imparare qualcosa da una relazione con un narcisista, è di non lasciare che le stesse cose succedano di nuovo.

Se leggendo questo paragrafo dovessi pensare: ''è impossibile che possa anche solo provare a uscire di nuovo con qualcuno, sto bene da solo", è ora di riflettere sul perché provi queste cose. Lo dici perché non vuoi davvero una relazione e preferiresti stare da solo per viaggiare, migliorare i rapporti coi tuoi amici, ecc.? O perché hai paura di dover vivere di nuovo la stessa esperienza?

Alcune persone non vogliono avere relazioni e non c'è niente di male, sempre che sia per i motivi giusti. Se stai evitando dei legami romantici solo perché hai paura, devi affrontare subito il problema. Probabilmente scoprirai che i sentimenti cambiano nel corso del tempo, ma evita di essere chiuso alla possibilità di conoscere gente nuova solo perché hai la mente offuscata dalle esperienze passate.

Ricorda che meriti di essere amato, a prescindere da cosa potresti essere stato costretto a credere in passato.

Il Futuro per un Narcisista che Rifiuta di Farsi Aiutare

Abbiamo parlato molto del futuro per chi ha avuto una relazione con un narcisista, ma che ne è del futuro di quest'ultimo?

Se la persona non è disposta a cercare aiuto, il suo futuro non parrebbe essere buono. In questo caso, è molto probabile che un narcisista finisca per saltare da una relazione distruttiva all'altra, e se alla fine riesce ad avere un rapporto duraturo, è difficile che il partner sarà davvero felice e soddisfatto. È molto più probabile che quella persona si limiti a sopportare il narcisismo.

Se un narcisista finisce per avere figli, la triste verità è che è molto probabile che quei bambini sviluppino tendenze narcisistiche, essendovi esposti sin dall'infanzia. Anche se non c'è una risposta certa in termini di cosa provochi il DNP, si crede fermamente che le esperienze dell'infanzia siano strettamente legate allo sviluppo di questa personalità negli anni dell'adolescenza o da adulti.

I narcisisti hanno anche l'abitudine di risentirsi nel corso del tempo. Ciò è dovuto in parte alle persone che entrano nella loro vita per poi lasciarli, cosa di cui non capisco il motivo; ovviamente, proietteranno la colpa sull'altra persona e non capiranno il ruolo che hanno giocato nella situazione. Molti tratti narcisistici, quindi, peggiorano con l'età, con l'accumulo di più esperienze nel corso della vita.

Come puoi vedere, stiamo tracciando un'immagine piuttosto tetra, ed è proprio questa la triste verità della vita di un narcisista. Le persone sopportano di essere trattate in un certo modo per un periodo di tempo limitato prima di trovare il coraggio di andarsene. Anche se alcuni potrebbero non arrivare mai a quel punto, è probabile che queste relazioni siano vuote, prive di vero amore e rispetto.

Per questi motivi, il prezzo che un narcisista deve pagare per le proprie azioni è la solitudine e, alla fine, la mancanza di relazioni davvero significative. Per un narcisista, tuttavia, la relazione più affettuosa e profonda è quella che ha con se stesso.

Bisogna Dare la Colpa agli Elementi Sociali Moderni?

Ormai sai quasi tutto quello che c'è da sapere sul Disturbo Narcisistico di Personalità e dei tratti e problemi che lo accompagnano, ma dobbiamo esplorare un altro argomento prima di chiudere il libro. Bisogna incolpare gli elementi sociali moderni per l'aumento nel numero di narcisisti nel mondo?

Ricorda che i narcisisti veri sono piuttosto rari, eppure è un termine che sentiamo di frequente. Per questo motivo, è possibile che le tendenze narcisistiche stiano diventano più comuni, e dobbiamo chiederci il perché. Si tratta delle pressioni sociali a cui siamo sottoposti? Dei social media? È per la pressione di dovere essere sempre il migliore, il più bello e avere le cose migliori?

Probabilmente sarebbe ingiusto dare la colpa alla società moderna, ma bisogna domandarsi se abbia avuto una parte nella diffusione del narcisismo. Per esempio, i social media ci hanno reso molto più consapevoli della vita degli altri e di come loro vedono noi. I social media ci dicono sempre che se vogliamo essere i migliori, dobbiamo avere l'aspetto migliore, il che significa usare questo prodotto. Siamo bombardati dagli autoscatti degli altri, senza realizzare che sono stati tutti modificati su Photoshop e coi filtri. La maggior parte delle cose che vediamo al giorno d'oggi non è reali. C'è da meravigliarsi che abbiamo aspettative così irrealistiche di ciò che dovremmo essere, di come dovremmo apparire, di ciò a cui dovremmo puntare?

Non siamo del tutto sicuri di cosa provochi il DNP, quindi potrebbe trattarsi degli elementi della vita moderna a cui siamo esposti? Certo, il DNP si riconduce principalmente alle esperienze dell'infanzia, ma cosa influenza quelle esperienze? Cosa fa sì che una persona si comporti in un dato modo, provocando un trauma a un'altra persona, il che potrebbe portarla a sviluppare un tipo specifico di disturbo di personalità? È difficile capirlo con certezza, ma bisogna quantomeno prendere in considerazione la possibilità.

Anche se potremmo non capire mai a pieno quali siano le cause del DNP e di certo sarà sempre stigmatizzato, cercare di essere il migliore è un obiettivo inutile in ogni caso. Forse dovremmo cercare di essere semplicemente noi stessi.

In termini di generazioni future, forse è nostra responsabilità assicurarci che i bambini vengano cresciuti in modo che siano contenti di essere chi sono, senza bisogno di competere costantemente e avere degli obiettivi irrealistici. Così facendo, cresceremo una generazione di giovani educati, rispettosi nei confronti degli altri e soddisfatti della propria vita. Di certo si tratta di grandi aiuti nell'evitare i disturbi di personalità e i traumi che potrebbero contribuire a svilupparli.

Conclusioni

Ed eccoci qui! Abbiamo raggiunto la fine del nostro libro sul narcisismo, e ormai dovresti avere ben chiaro cosa sia e cosa significhi davvero.

Dopo la lettura di questo libro dovresti avere compreso che il narcisismo è un disturbo di personalità veramente raro che non dovrebbe essere interpretato male. Una persona un po' gelosa o scortese una volta o due nel corso della sua vita non è narcisista, ha solo una giornata storta; sempre che capisca le sue azioni e si scusi con chi ha offeso o ferito, non ha fatto niente di male. Tuttavia, se quella persona non vede un problema nelle sue azioni, potresti avere a che fare con qualcuno con un accenno di DNP.

Anche se un narcisista non può 'controllare' ciò che fa, non significa che dovresti rimanere con lui e sopportarlo se non è disposto a cercare aiuto per cambiare. Lasciare un narcisista non è facile, ma è assolutamente necessario per potere vivere più felicemente in futuro.

La cosa triste del narcisismo è che, nonostante se ne parli sempre in modo negativo, la persona che ne soffre di più è il narcisista stesso. questa persona finirà per essere sola, a meno che non compia dei passi per avere un futuro migliore. Tuttavia, non succede spesso, perché la maggior parte dei narcisisti non capisce che c'è qualcosa che non va, e dà per scontato che siano tutti gli altri ad avere un problema, non loro.

Punti Chiave da Ricordare

Ora che hai letto tutto ciò che avevamo da dire su questo argomento confuso ma piuttosto affascinante, quali sono i punti chiave da ricordare?

- Il narcisismo è molto più raro di quanto si pensi, e solo l'1% della popolazione mondiale ne è affetta

- Essere narcisista significa essere stato diagnosticato con il Disturbo Narcisistico di Personalità (DNP)

- Gli uomini soffrono di narcisismo più delle donne, ma ciò non significa che non esistano donne narcisiste!

- Un narcisista è caratterizzato da un senso di grandiosità, un ego e un'autostima smisurati e dal bisogno di essere al centro dell'attenzione, ma ci sono molti altri tratti che definiscono il disturbo

- Il comportamento narcisista può essere lieve, moderato o estremamente grave

- Molti narcisisti usano l'abuso emotivo senza rendersene nemmeno conto, ad esempio col gaslighting

- Ci sono diversi tipi di narcisisti, fra cui classici, vulnerabili e tossici

- I narcisisti tossici o maligni sono estremamente nocivi e sono strettamente legati a psicopatici e sociopatici

- Molti narcisisti finiscono per essere persone sole, perché rifiutano di vedere il problema delle proprie azioni e danno la colpa di tutto a chi gli sta attorno

- Chi ha una relazione con un narcisista è probabilmente soggetto a vari livelli di abuso e manipolazione emotiva, e troverà molto difficile lasciarlo

- La combinazione peggiore possibile è narcisista-empatico

• La cura per il Disturbo Narcisistico di Personalità (DNP) prevede psicoterapia, terapia comportamentale e un cambiamento nel modo di pensare, e può richiedere molto tempo

• Le cause del DNP non sono note, ma si pensa che derivi dall'infanzia, e potrebbe essere genetico

• Sotto la superficie, tutti i narcisisti sono fragili e insicuri, e hanno un bisogno costante di rassicurazioni

• I narcisisti prendono molto male i rifiuti

• Perché una persona possa ricevere le cure per il DNP, deve capire di avere un problema, e deve farlo da sola. Per questo, la maggior parte dei narcisisti non viene mai diagnosticata né riceve le cure

• È impossibile curare o cambiare un narcisista senza che capisca i suoi errori e che ha un disturbo di personalità che necessita di una terapia

- Trovare la forza di lasciare un narcisista può essere estremamente difficile, e molte persone hanno bisogno dell'aiuto di un professionista in seguito, ad esempio di psicoterapia

- Il gaslighting è uno strumento molto comune usato dai narcisisti, e prevede la manipolazione dei pensieri e delle emozioni dell'altra persona, facendogli dubitare della propria sanità

- Non dovresti mai sentirti in colpa o male per aver lasciato un narcisista – è importante concentrarti su te stesso.

Ci sono moltissime cose da dire su questo argomento, e abbiamo discusso in dettaglio degli aspetti principali, reiterando diverse volte i punti chiave. Siccome il narcisismo e l'abuso emotivo sono strettamente legati, bisogna dare spazio a tale questione. Non è divertente avere una relazione con un narcisista, o esserne amico o collega. Ti troverai sempre ad avere a che fare con una persona che ti sminuisce costantemente e ha un senso di grandiosità esagerato. Nonostante ciò, è importante anche capire che non si tratta di una 'cattiva persona', ma di qualcuno che soffre di un disturbo di personalità, a sua volta legato ad altri problemi di salute mentale.

Imparando tutto il possibile sul narcisismo, puoi fare il necessario per gestire una situazione nella tua vita toccata dal narcisismo.

Il punto principale da ricordare di tutto il libro? Se un narcisista ti dice che è colpa tua, non è vero. Non sentirti mai in colpa per avere dato la precedenza a te stesso.